Eva Veiga

Ser en/ To Be In/ Ser en

Prólogo: Francisco X. Fernández Naval
Selección y traducción al castellano: Teresa Seara
Traducción al inglés: Craig Patterson

Nueva York, 2020

Ser en/ To Be In/ Ser en

ISBN-13: 978-1-940075-91-4
ISBN-10: 1-940075-91-2

Design: © Carlos Velasquez Torres
Cover & Image: ©Jhon Aguasaco
Editor in chief: Carlos Velasquez Torres
E-mail: carlos@artepoetica.com
Mail: 38-38 215 Place, Bayside, NY 11361, USA.

© Ser en/ To Be In/ Ser en 2020 Eva Veiga
© Ser en/ To Be In/ Ser en. 2020 for this edition Artepoética Press

All rights reserved. No part of this publication may be reproduced, distributed, or transmitted in any form or by any means, including photocopying, recording, or other electronic or mechanical methods, without the prior written permission of the publisher, except in the case of brief quotations embodied in critical reviews and certain other noncommercial uses permitted by copyright law. For permission requests, write to the publisher, addressed "Attention: Permissions Coordinator," at the address below: 38-38 215 Place, Bayside, NY 11361, USA

Todos los derechos reservados. Esta publicación no puede ser reproducida, ni en todo ni en parte, ni registrada en o transmitida por, un sistema de recuperación de información, en ninguna forma ni por ningún medio, sea mecánico, fotoquímico, electrónico, magnético, electroóptico, por fotocopia, o cualquier otro, sin el permiso previo por escrito de la editorial, excepto en casos de citación breve en reseñas críticas y otros usos no comerciales permitidos por la ley de derechos de autor. Para solicitar permiso, escríbale al editor a: 38-38 215 Place, Bayside, NY 11361, USA.

Eva Veiga

Ser en/ To Be In/ Ser en

Prólogo: Francisco X. Fernández Naval
Selección y traducción al castellano: Teresa Seara
Traducción al inglés: Craig Patterson

Colección
Rambla de Mar

*Para Pepe e Evelia,
pola casa sempre aberta do corazón*

*For Pepe and Evelia,
for the house forever open of the heart*

*Para Pepe y Evelia,
por la casa siempre abierta del corazón*

Contenido

Ser en 9

Ser en: Bolboreta en flor 11
Notas biográficas 15

To be in 65

To be in: Butterfly in bloom 67
Biographical notes 71

Ser en 121

Ser en: Mariposa en flor 123
Notas biográficas 127

Ser en

SER EN

BOLBORETA EN FLOR

"Sería tan doado/ caer/ deliberadamente/ caer/ en ausencia de min/ caer/ na ausencia toda". Este poema pertence ao libro *Fuxidíos*, o primeiro que publica Eva Veiga no ano 1993. Pasado o tempo, e ollando en perspectiva toda a súa obra posterior, paréceme que hai neses versos algo augural, unha advertencia sobre o que ía ser camiño primordial no vivir e dicir poético de Eva.

Nunca entendín ese caer do poema no sentido de precipitación ou perda de equilibrio. Sempre pensei que o significado, aquí, tiña que ver co concepto de desprendemento. Desprendémonos nós e imos desprendendo retallos de nós mesmos, nunha caída cara a un baleiro que é centro, remuíño e quietude ao tempo, ese lugar no que o ser e o vivir fanse un, no sentir alumeante ao que se refería María Zambrano, coñecemento puro que nace da máis fonda intimidade do ser, que xa escribiu Eva que somos, simultaneamente, brancos de frecha e frecha dun branco inmóbil, todos nós arqueiros no baleiro, nun estar chamando para sempre e aínda despois.

Quizais non estea lonxe desta interpretación o título deste libro: SER EN, escolma de poemas realizada por Teresa Seara para esta edición de Artepoética Press. Sorpréndeme e conmóveme un certo sentido profético dese poema que a poeta escribe e publica antes de vivir dous acontecementos dunha transcendencia absoluta e que terán tanta repercusión na súa obra: un transplante de medula e o falecemento da súa nai. O renacer e a morte, ou renacer da morte.

Dende 1993 ata hoxe, Eva transitou polas paisaxes do baleiro; soubo de como se nos revela a luz que é, simultaneamente, dor e cicatriz; viviu o desconcerto do ruído, da experiencia de nacer de novo, da desmemoria dun pobo que coñece a vitoria do sol na súa derrota; experimentou como é a frecha que fere o aire e o corazón; descubriu no timbal e no tambor a escura crepitación do tempo e imploroulles a ambos os dous instrumentos de percusión un silencio claro e puro; entre o soño e o vértice compartiu o valor vital da metáfora, movemento mobilizador, creador e solidario que permite unir os cabos máis afastados da vida, ás veces tan estraños, estrañados ou entrañados, e afirmouse no sentido do amor, como fonte e entrecortado surtidor de palabras.

Eva Veiga é consciente do lugar do que vén, paisaxe orixinaria, lugar intacto que se garda, sen túnica nin cetro, e ao que non é preciso regresar porque cada día reina no seu interior. De feito, recoñece que cando tivo conciencia do río e da ría, das pontes, da alfombra tecida de folerpas brancas que eran os pétalos das flores das cerdeiras, do mundo máxico da avoa, da casa, do fogar, a paisaxe que todo isto formaba xa estaba dentro dela. É consciente, tamén, de que sendo nena, ao escoitarlle á mestra na escola recitar un poema do que só lembra que falaba da crisálida e da bolboreta, decidiu que sería poeta. Vocación poética asociada a un ritmo, a un xeito de dicir, a alegría da música e a experiencia da luz que brilla nas palabras.

Nos versos de Eva, poesía e filosofía non saben de fronteiras, e as dúas dilúense coa ciencia que emprega a metáfora e a imaxe poética para explicar as súas descubertas, para definir os límites do universo e contar aquilo para o que non hai vocabulario. A lingua é a patria, argumentou ela algunha vez, recoñecendo que tamén a lingua nos fai ser o que somos e que dela nacen a voz e o silencio, o urdido que nos une á colectividade. Sempre solidaria coas vítimas da historia, cos marxinados, cos desfavorecidos, a súa voz é, decotío, a das mulleres que loitan contra as violencias, que traballan por unha sociedade igualitaria, o que a leva a escribir: "mulleres empuñando a cidade oculta".

Palabra núa, núa, núa; desconcertado latexo do corazón, palabra para sempre vinculada a aquela pinga de auga que caía sobre a folla, imaxe que a acompañou na experiencia extrema de renacer. Auga, a primeira luz, di nun poema. A poesía de Eva afonda na sede do EU, eco, canción ou memoria; tamén ansia e fragrancia que flúe dende ese non lugar entre o visible e o invisible, no máis escuro do branco máis albo. Non é doado expresar con palabras a memoria dese lugar que se nos oculta e que ela teima por coñecer e interpretar, horizonte cara ao que todos nos diriximos, ese val tan doce e tan sombrío que acolle a tenrura da nai e a perfección da rosa. É necesario levar a linguaxe ao límite, despoxala, espila para poder apreixar e compartir esa intuición, contar como é que sente o corazón nese relanzo de auga e canaveiras no que non sabemos que acontece, pero onde acontece todo.

Caer, caer sempre cara ao centro, sabendo que o centro está alén de nós e que a procura poética non é tanto unha busca introspectiva como un situarse fóra. "Con todos os seus ollos a criatura ve/ o aberto", así inicia Rilke a oitava das *Elexías de Duíno*. O aberto, espazo puro da vida exposta, aínda non protexida nin confinada, onde ás veces, alleos á limitación do onte, a inminencia do mañá, é posible ver e interpretar con palabras a totalidade, o illó do manancial, a imaxe ou a greta que proxectamos no espello, contemplando o vasto horizonte da vida no seu presente, sen despedida, nun manter alerta o corazón. Palabra núa, palabra esencial e liberada, na inocencia dos sentidos, único xeito de poder percibir aquilo que intuímos, iso que nos mira, pero que non conseguimos ver: "Teño a certeza/ De que toco algo que me ve/ E eu sen ollos cos que poder miralo".

A lectura deste libro é unha aprendizaxe, unha viaxe cara aos límites de dentro e de fóra, unha revelación na voz de Eva sempre lúcida como cando nos di: "Quizais só exista realmente/ este instante./ Todo o demais é tempo". Velaí o segredo.

SER EN é poética da vida, así se pon de manifesto xa dende o primeiro verso, no que Eva Veiga di como en confidencia: "Así me entrego á vida...", ata ese último poema que pecha o libro: "deste fluír/ fican só espellos/ a vida continúa a súa viaxe".

Francisco X. Fernández Naval
Febreiro 2019

Notas biográficas

Teresa Seara naceu en Toén, provincia de Ourense. Doutora en Filoloxía Galego-Portuguesa, profesora de ensino secundario, crítica literaria, tradutora. É unha das mellores coñecedoras da poesía galega contemporánea sobre a que ten escrito numerosos traballos e editado varias antoloxías. Autora de textos de creación propia como *Rumbo ás illas*, *Versos & Formas* e *Santiago invisible*. Xa colaborou anteriormente cos proxectos editoriais El Barco Ebrio e Artepoética Press.

Craig Patterson naceu en Inglaterra, ten pasaporte irlandés e é galego de corazón. Traduciu ao inglés textos esenciais da cultura galega como *Sempre en Galiza* (*Forever in Galicia*, Francis Boutle, 2016), de Alfonso Daniel Rodríguez Castelao, ou *A esmorga* (*On a Bender*, Planet, 2012), de Eduardo Blanco Amor, así como novelas e libros de poesía de autores contemporáneos. Recibiu o English PEN Translates Award pola súa tradución da novela de Eva Moreda, *A Veiga é como un tempo distinto* (*Home is Like a Different Time*, Francis Boutle, 2019) e o Premio Ostana (Scritture in lingua madre) polo seu traballo no eido da tradución da literatura galega ao inglés. Non é a primeira vez que colabora como tradutor con Artepoética Press.

1

Así me entrego á vida
aínda cando a derrota
treme no pulso
e non son esta
senón pura desorde corporal

2

Porque te estou chamando
desde moito antes de que esta voz
saíra desanoándose.
Desde o principio.
Desde o olvido estoute chamando.
Ás escuras e a esta hora
quizais do meu corpo enluándose.
A este combate e a esta derrota.
A este resistir sen tregua estoute chamando.
Estoute chamando para sempre
e aínda despois estoute chamando

3

Un día chegas a esta extensión
da mirada.
Non sabes de onde vés porque non vés dun lugar.
Traíate o tempo como o vento trae
o oportuno azar.
Estás aquí
xa para sempre
anel de olvido ou de memoria.
Pero, imposible
non ser luz e a súa cicatriz

4

Auga a primeira luz
a palabra que iniciou
a voz
na correntía premonición
do tempo.
E da súa radical transparencia
ergueuse o escuro segredo das aves

5

Vaime en río fluíndo esta vida na vida toda. Efémeras raíces ou veas enramadas figuran rostros que se evaden noutros rastros.

Zunido de follas ou diáspora de estrelas.

A miña lingua sabe entón a lume lento nos beizos entreabertos da terra. E ti en secreto pídesme que continúe máis e máis ata onde a onda perde a noción do límite: auga regresada

6

Infancia

Eu gárdote
sen a túnica e sen o cetro, pero reinando.
E spréitote por unha porta entreaberta
de ardora e romeiro.
Nunca negarei a miña traizón,
a do apazogante veleno nas túas copas azuis,
e temo por iso os teus ollos que tamén
algunha vez quixeron perderme de vista.
Sobre perfumados cabalos
rompes ondas e ramas
para erguer unha casa
naquela estación sen número.
Quixera levarte agora en brazos
e aliviarche as feridas co doce
sabor da terra,
pero nunca te alcanzo ao cabo
da miña man.
Quizais te garde o anxo

7

Persiste o fragor da viaxe
sobre as queimadas augas,
o rigor da quilla
sucando a cinza que se levanta
e sabe a luz gastada,
o corazón da dor, o seu latexo
contundente de pomba
sen corpo sobre os ríos exiliados.
Persiste a emoción no seu ardor
purísimo como un diamante
contra as probas da destrución

8

Duraremos, Amor, duraremos
na nube irrepetible.
Duraremos nese tempo
que arde ás escuras no fondo
dun espello,
nesa corrente clara que arrastra
en disolución íntimas demoras.
Duraremos, Amor, porque nos ama
a vertixe intacta e libertaria
dos átomos primeiros,
esa luz de mapoulas ou galaxias
que subitamente nos abrasa

9

Houbo unha primeira primavera do mundo.
               Está no meu sangue

10

chegar así
no bico da luz
dende tan lonxe
a unha horta exactamente como esta
e abrollar na flor do limón

11

Nun círculo de néboa
o ciprés premía o seu verdor
inmóbil.
Que ollo non tería chorado
ao saberse tan real
no soño?

12

Teño a certeza
De que toco algo que me ve.
E eu sen ollos cos que poder miralo

13

Vaise canto amamos e non hai dedos
que sosteñan a queimadura do pracer
o delirio a mirada dos velenos

14

Dixo: Voume.
E tralas súas palabras,
suspendido no aire,
quedou un silencio
que ía desfacéndose coma unha flor

15

Idéntica a todo canto vive
A morte

16

Es ti quen me vela.
A cada paso esquezo o teu nome.
Esa pel que como aire sabe
que así me esgazan as feras da luz.

Un deserto verde brilla no mar,
núa avanzo no íntimo tremor das ondas

17

Quizais só exista realmente
este instante.
O demais é tempo

18

flor de neve que cae
como descenden as horas máis fermosas da tristeza
doces e lentas sobre a pel
vólvese de silencio
faise de noite e esquece
mentres dentro o sangue
fractal na extrema queimadura
só un intre
ata que a flor se ergue
e fica a sombra invisible
o frío

19

estraña estación
hai un instante detido
ou infinitos instantes
vagando
tempo roto en imaxes

e vai tomando corpo
a certeza de que todo
pode chegar
a non ser

20

Un ramo de escintileos fere a mirada
Só un intre

Como ese pasar veloz de faros na noite

Apurar o paso

Que os bosques da ausencia non nos alcancen
Que o oído non escoite o labor dos fungos na madeira
O íntimo romperse das cifras
Que ese vento mudo non se atranque na gorxa
Que non se decate a lúa do pozo azul e frío
Que os dedos non toquen a música perdida
Que a fronte delongue aínda máis fondo
O seu cofre de horas virxes

Que a memoria   ese coitelo

21

fose o amor este nenúfar de néboa que enlaga a cidade
e impide ver os barcos novos na arribada da noite

fose o amor o labirinto a trenzar no aire espasmos
de torpes gaivotas que confunden a bésta e a seda

fose o amor esta perfilada anatomía da ausencia
que oprime a lenta raíz da carne na memoria

fose o amor o entrecortado surtidor de palabras
ou pétalas que abandonan o néctar aos insectos

22

levantar as pálpebras do corazón
coma quen esfolla no aire
a súa espiga de luz

sentir na carne viva
a intemperie do mundo

e pronunciarse das bágoas
suavemente dende a dor
até o rostro invisible

23

A túa carne unha rosa.

Un moverse o silencio.
Unha fisura.

Agora separo órganos e músculos,
cólera e chuvia.
Debe haber unha casa intacta onde medran as túas plantas.

Cega vou aínda de símbolos.
Como entrar sen antes perecer?

24

Ti:
un movemento
da lingua.
A vibración
deste mundo
sen ti
conmovido

25

Eis o lugar:
intre que aparece
inaccesible
ao tempo

26

A túa presenza
Agora sagrada
Como a folla que cae

27

Flor contraria
        E pura
    Que retumba

Estrela preta
Do esquecemento

28

Que sabe o corazón
do que lle sobrevive?

29

A Margarita Ledo

I.
as palabras
semellan estar sempre
onde nunca son

II.
as unllas
perforando
a distancia do tambor

(imán tatuándose
a néboa
entra sempre máis dentro)

hai un camiño ignorado
e atravesa as tempas
sen a penas deixar rastro

agás un corte seco por onde empezar

e a pel lembra o perfume
das laranxeiras
debuxa unha flor branca

mahmud darwish tiña un limoeiro en Palestina
e os seus ollos non volveron ver a primavera
a auga desoriéntase
polas follas
mirar nos petos un anaco velocísimo
de animal doente que amou unha vez os gonzos do aire
e rillar na luz adelgazando o músculo íntimo da lingua

aquí había un sol nacente de piedade
no chamado das escadas que se apoian na lentura

a memoria espera
a que se firan outros vales da mesma elevación
a pomba saíndo dun machinal de neve
a abrirse azul por entre os libros borrados da mañá
esvaecéndose os pupitres da guerra e da melancolía

III.
a música enrama
un fío de caos

IV.
medir
salvar a casa
do tempo

V.
terma amor desta gadaña
á sombra non me deites

30

o soño da razón
dando voltas un cínife que muda
de cor e perspectiva
na boca os túneles as minas todas
as encrucilladas quén volve atrás
mirar o seu óxido a súa pantomima
tatuada xa no tempo

31

Ula fin da mirada
abismo cara a dentro
navegable
o seu límite infinito?

32

abrirse á luz
é terra desfeita nos labios ánfora do pasado
agromando na beira que confunde dedos
e parede
    este son inaudible
das voces que volven na súa primeira vez
traspasar as infinitas habitacións do corpo
como un vento idéntico a outro vento
que con igual sopro o amainara
    e é a hora desvestíndose das súas luvas
velaquí a pasaxe
oído ardendo

        a nunca segura posibilidade de saír con vida
        do túnel das palabras

33

árbore ou embigo
buceando nas areas
    a lingua
a desfacerse como a placenta
se baleira das raíces
do estraño

34

Por entre o bosque de raiceiras, máis dentro da nudez do sangue, na espiñal urdime das palabras, a ceo aberto, extraendo o seu brillo orixinal, a laboriosa man do desamparo

35

ser en
ti
puro instante
que expira e abre
a un tempo
a flor do mundo

36

se te amase
soportaría probas brutais
oferente absorta
na espiral dos teus recintos

se non te amo
non habitarei núa o aire
nin me levará o río
nunha pluma de ánade

37

Pasas
quedándote.
Esa nube

38

na cicatriz
dunha pinga de auga
sobrevivir

39

Para J. A.

Hai un lugar con auga e canaveiras
na miña imaxinación.

É un lugar de difícil acceso
e non sei realmente o que alí acontece.

O meu corazón detense
a unha distancia prudencial
e vólvese xa remando.

Sen afondar

40

se só puidese
achegar a ti este desexo...

sen ver ábresme de pedra
teño un corpo na luz

a súa escura palpitación
enraíza neste abismo

desvíveme
e nácenlle as miñas ás ao vento

41

non esperes

> a que se erga o tempo
> > nunha bandada de ánades

o amor agárdao
todo de ti

42

E de onde vés,
tarde do paxaro,
de onde esbagullas os teus acios?

43

Para Bernardo Martínez e Fito Ares

tocar con ramas
o rastro dos paxaros
deixar que veñas

44

Dicir, quizais, que por veces imos
tan na canseira do vento.

Tan no certo de soportar
demasiado peso na lingua.

Daquela deitarse:
concentración da raíz
na súa sede desvestindo a auga
que o esquece todo.

Lene universo que só soñando
chega a darse ao espello

45

lento murmurio da dor

desce
por escadas impensables

abre fiestras
nas paredes de pedra
a onde a xílgara
volve cada primavera
co seu amor

e trae o sol
un incendio de bágoas
unha alegría delgadísima
dobrando os aceiros
do sangue

estase ben así
contemplando o mundo

acaso a dor ferirá
coa súa exacta predición
as follas verdes da claudieira
ou será doce o seu labio
para o aire que canta
o vestixio da luz?

pasa unha sombra
iluminando un regueiro
de formigas

e eu sigo aquí
ao pé da transparencia
greta no espello

46

> *Se acostumbraba esparcir maiz o alpiste sobre las tumbas*
> *para alimentar a los muertos que regresaban con disfraz de pájaros*
> Czeslaw Milosz

baixo por onde adoito te ergues
escaleira de sangue e soberbia

eu tal vez un desamparo armándose
delicada pel para as horas máis infames

mergullo dedos entre restos calcinados
extraio certos vómitos da desmemoria
no afán seguramente de acalmar o remorso

ferida incurable da nosa propia coitelada
sabor de fume amargo dicir das augas
polos ollos que descen até o simulacro

porque quizais o real é só a greta e aniña fóra
alí a vinganza do que existe

luz da rosa   déixaa entrar

47

nacer
de novo
en formas
de flor
branca
enxameados
de silencio
os dedos
comparecen
e volves
na noite
corazón
ante o que
recóndito
se oficia
vacilante
derramar
o viño

48

Eu era unha vasilla e os seus fíos desfacíanse coma o alabastro baixo a auga. Sobre todo eran fíos de sede e os doutores experimentaban vellas alegorías sobre a capacidade infinda do deserto. Pasaron así semanas e atravesamos as fronteiras onde a dor extrema se fai ao cabo territorio da dozura e amencemos sen máis defensa que a pel exhausta do camiño. Non te rendas, dicíasme, agora es a flor e a bolboreta, bailemos

49

E é agora
cando aínda máis te amo,
cando as rectas poderosas do corazón
parten
en tantos días de dor e confusión.
E ondean as súas astelas –paxaro vulnerado-
polo afiado ceo do sangue.
E temo que as súas gadoupas devorándose se acheguen aos teus cabelos
e te esperten.

Porque aquí vou
sen porta nin xanelas
cara ao meu corpo
onde xaces fermosamente
contra todas as feridas que virán
e que ás veces -aínda sen querelo-
se inzan da miña voz

E sei ben que só son palabras
estas pedras sobre as que fago
equilibrios para non caer
na valgada-trampa
do meu rostro e o seu reflexo.

Palabras que outros seres
deitaron no meu camiño cego
como sementeira alumeando
a angustia dos tempos
e a súa flor branca.

Pero que órganos, que linfa,
quen escala realmente o nó
de todo canto foxe
esguizando como este instante
na boca do seu tigre?

Tal vez,
a sede que descoñezo,
a razón descomunal que nos escoita
andar ás tentas a mesma casa:

só río no seu fluír silencioso

50

Para Teresa Seara

se vivo e teño unha praza
chea de sol
que ao cabo trae a noite

se vivo e ti nalgún lugar
tamén soñas
cun breve lampo apagando
a escuridade dos meus dedos

51

silencio percutido
entre vértebra e vértebra
a orixe
asoma aos labios
de cando en vez

docemente fluída coma mel
incendia a visión
borra os nomes

52

poño aquí
unha horta
que contiña
o acanto
a vida dura
de sucesivas
xerazóns
a morte
sempre prematura
dun fillo
o amor que
aprendía a ler
cada silencio
a canteira de pedra
que ergueu a casa
unha guerra
e a súa insomnia
a lealdade
da xílgara
a inocencia
desatada
de todos os principios
poño aquí
o que non está

53

volver alí
por leña
por amor
polo comezo
escuro
do dicir

54

ver como todo cae
ao seu silencio

55

aínda Orfeo canta a súa agonía
no limiar bota unha e outra vez
a vista atrás

mais non é Eurídice quen se esvae
coma un soño

é el
quen desaparece de si mesmo
é a súa lira que se aguza
sen sabelo
nesas lamas do posible e do pactado

tan hábil e absolutamente
nos adestramos na derrota

na súa asignación

56

incertos
abocados á luz e ás súas serpes
elevamos até un límite escuro a deserta campía

e o límite veu ser o centro de toda escuridade
de calquera vida

con dedos así anegados
a picadura do veleno buscaba o seu antídoto

pechamos os ollos
como oración e asombro

e dixemos algo
algo que calmara o bulir da maduración

noutra luz aínda máis escura
botamos a andar

57

elixo ser río
río de sangue
entre estas escarpadas
rexións da dor
aquí onde ningún poder
ousaría entrar
aquí debo fluír sen sinais
confundíndome nas bocas
desterradas
perdendo canto de fascinio
atoparon os meus ollos
aquí onde o indicible é
un estrangulamento de paxaros
e o que se di a máis grande ofensa
aquí ante este gromo de vida que asoma
entre deuses loucos e cadáveres
un río de sangue
onde borrar o propio nome
onde ser só unha man que se ofrece
a limpar os ollos da catástrofe

58

...vencidas todas as portas poñer lilas na súa escuma última para dicir que por aquí pasamos nós deixando rastros de sangue no aire astelado que podendo saber algo dos estragos da inocencia deixamos irse o sol un día tras outro até a gran garganta escura...

59

seremos leves palabras
abandonando esta cacería

60

por riba das nosas cabezas
un corazón libre avanza
entre disparos

61

corazón
como a pedra
no estanque
caes en min
sempre
no centro

62

a xunqueira
do estanque
acolle os restos

parecera que vés
nesta palabra
que significa amor
ou algo así
é difícil comprender
o que queremos
mais tamén
poderiamos dicir
que hai algo en todo isto
que se vai
algo impronunciable
e verdadeiro
que non se deixa acoller
e ficamos tan en falta

(é cada palabra o esteiro do seu propio fluír?)

non obstante
todo sucede á vez:
a pedra e as súas ondas
na auga enturbada
peixes e raíces
cada cousa ao seu tempo
ti e máis eu
distancia insalvable

a non ser
por este movemento
de lembrar o fondo
a brancura do cisne

63

deste fluír
fican só espellos
a vida continúa a súa viaxe

To be in

TO BE IN

BUTTERFLY IN BLOOM

"It would be so easy / to fall / deliberately / to fall / into the absence of myself / to fall / into the absence of everything." This poem belongs to the book *Fuxidíos* [*Fleeting*], the first published by Eva Veiga in 1993. After some time, and considering all her later work in perspective, it strikes me that there is something augural in these lines, a warning regarding what would be the main path taken in Eva's life and poetic expression.

I never understood this fall in the poem in the sense of precipitation or loss of balance. I always thought that the meaning in this case was related to the concept of detachment. We detach ourselves and continually detach parts of ourselves in a falling towards a vacuum that is a centre, a vortex and stillness at the same time, that place where being and living become one, in the enlightening sense to which María Zambrano referred: the pure knowledge that emerges from the deepest intimacy of our existence. Eva wrote that we are, simultaneously, targets for arrows and the arrow of an immobile target, all archers in the vacuum, in a state of forever calling and calling beyond even then.

Perhaps the title of this book is not so removed from that interpretation: TO BE IN, an anthology of poems edited by Teresa Seara for this edition by Artepoética Press. I am surprised and moved by the somewhat prophetic sense of this poem that the poet writes and publishes before experiencing two absolutely significant events that would have so many repercussions in her work: a bone marrow transplant and the death of her mother. Rebirth and death, or rebirth from death.

From 1993 until the present, Eva passed through the landscapes of the vacuum. She knew how the light that is simultaneously pain and scar is revealed to us. She experienced the confusion of the noise, the experience of being born again, the forgetting of a people aware of the sun's victory even in its defeat. She experienced what the arrow that wounds the air and the heart is like. She described on timpani and drum the dark crackling of time and begged both percussion instruments for a clear and pure silence. Between dream and vertex, she shared the crucial value of metaphor, a mobilizing, creative and supportive movement enabling the most distant extremes of life to be connected (extremes that are often so strange, estranged or involved), and affirmed herself in the sense of love as a source and spluttering fountain of words.

Eva Veiga is aware of where she is from, an original landscape, a place intact that is protected, without tunic or sceptre, and to where she does not need to return as it dwells within her each day. Indeed, she acknowledges that when she became aware of the river, the ria, the bridges of the carpet woven from white snowdrops that were petals from cherry tree blossom, of the magical world of her grandmother, her house, her home: the landscape formed by all this was already within her. She is also aware that as a child, upon hearing her school teacher recite a poem that she only recalls as being about a chrysalis and butterfly, she decided to become a poet. A poetic vocation associated with a rhythm, a way of speaking, the joy of music and the experience of the light that shines in words.

In Eva's verses, poetry and philosophy have no frontiers, and the two blend with science that uses metaphor and poetic image to explain its discoveries, to define the limits of the universe and tell about things for which no vocabulary exists. Language is our country, she once argued, recognising that language also makes us be what we are and that from it are born voice and silence, the warping that unites us with the collective. She always identifies with the victims of history, the marginalised, the unfortunate, and her voice is often that of women who fight against violence, who work for an egalitarian society, which has led her to write: "women taking the hidden city".

The naked, naked, naked work, the disconcerted beat of the heart, the word forever bound to that drop of water that fell upon the leaf, the image that was with her during the extreme experience of being reborn. Water, the first light, she says in a poem. Eva's poetry delves into the depths of the I, echo, song or memory. Anxiety and fragrance too, flowing from that non-place between the visible and invisible, in the darkest of the palest white. It is not easy to express with words the memory of that place that is hidden to us and that she strives to discover and interpret, the horizon towards which we all move, that valley so sweet and so dark that it embodies a mother's tenderness and the perfection of the rose. Language needs to be taken to the limit, robbed, stripped in order to be able to appreciate and share that intuition, to convey how the heart feels in this pool of water and reeds in which we do not know what happens, but where everything happens.

To fall, forever fall towards the centre, knowing that the centre is beyond us and that the poetic quest is not so much an introspective search as a placing of ourselves on the outside. "The creature gazes into openness with all its eyes", was how Rilke began the eighth *Duino Elegy*. The open, a pure space of life exposed, still not protected or confined, where at times, alien to the limitation of yesterday, to the imminence of tomorrow, it is possible to see and interpret with words the totality, the gushing of the spring, the image or crack that we project on the mirror, contemplating the vast horizon of life in its present, without farewell, in keeping the heart alert. The naked word, the essential and liberated word in the innocence of the senses, the only way of being able to perceive what we intuit, what gazes upon us, but what we cannot see: "I am certain / That I touch something that can see me. / And I without eyes to see it".

The reading of this book is an apprenticeship, a journey towards the inner and outer limits, a revelation in Eva's constantly lucid voice, such as when she says: "Perhaps only this moment / really exists. / Everything else is time". That is the secret.

TO BE IN is a poetics of life, as it declares, from the first verse, in which Eva Veiga states, as if in confidence: "So I surrender to life...", until the last poem which brings the book to a close: "from this flowing / only mirrors remain / life continues its journey".

Francisco X. Fernández Naval
February 2019

Biographical notes

Teresa Seara, was born in Toén, in the province of Ourense. A doctor in Galician-Portuguese Philology, she is a secondary school teacher, literary critic and translator. She is one of the leading experts on contemporary Galician poetry, about which she has written many articles and edited several anthologies. She is also the author of such works as *Rumbo ás illas, Versos & Formas* and *Santiago Invisible*. She has worked previously with El Barcio Ebrio and Artepoética Press.

Craig Patterson was born in England, holds an Irish passport and has a Galician heart. He has translated major texts from Galician culture, such as *Sempre en Galiza* (*Forever in Galicia*, Francis Boutle, 2016), by Alfonso Daniel Rodríguez Castelao and *A esmorga* (*On a Bender*, Planet, 2012) by Eduardo Blanco Amor, in addition to novels and poetry by contemporary authors. He received an English PEN Translates Award for his translation of Eva Moreda's *A Veiga é como un tempo distinto*, published as (*Home is Like a Different Time* by Francis Boutle, 2019) and an Ostana Prize (Scritture in lingua madre) for his work in translating Galician literature into English. This is not his first collaboration with Artepoética Press.

1

even when defeat
makes me tremble
So I surrender to life
and I am not I
but pure bodily disorder

2

For I am calling you
since long before this voice
emerged, freeing itself.
From the beginning.
From oblivion I am calling you.
In the darkness and at this time
perhaps from my moonlit body.
To this combat and to this defeat.
To this resistance without respite I am calling you.
I am calling you forever
and calling you beyond even then.

3

One day you attain this extension
of the gaze.
You don't know where you're from because you're from
/nowhere.
Time brought you just as the breeze carries
opportune chance.
You are here
now forever
ring of oblivion or memory.
But, impossible
not to be light and its scar

4

Water the first light
the word that began
the voice
in the flowing premonition
of time.
And from its radical transparency
the dark secret of the birds emerged

5

This life in the entirety of life leaves me like a river flowing. Ephemeral roots ortangled veins resemble faces masked by other features.

The rustling of leaves or diaspora of stars.

My tongue then tastes the slow fire upon half-open lipsof the land. And you secretly ask me to go on further and further towhere the wave loses its sense of limit: water returned

6

Childhood

I treasure you
without the tunic and the sceptre, but reigning.
And I spy you through a half-open door
of phosphorescence and rosemary.
I will never deny my treason,
and the numbing venom of your blue glasses,
and so I fear your eyes that also
once sought to lose sight of me.
Upon perfumed horses
you break waves and branches
to build a house
in that numberless station.
I wish to take you now in my arms
and ease your wounds with the sweet
taste of the earth,
but I never reach you with
my hand.
Perhaps the angel treasures you

7

The clamour of the journey endures
upon the scorched waters,
the rigour of the keel
ploughing through the ash that rises
and tastes of expended light,
the heart of pain, its overwhelming
pulse of a bodiless
dove upon the exiled rivers.
Emotion persists in its immaculate
ardour like a diamond
against the evidence of destruction.

8

We shall endure, my love, we shall endure
in the inimitable cloud.
We shall endure in this time
that burns in the dark in the depths
of a mirror,
in this clear current that drags along
intimate delays in dissolution.
We shall endure, my love, because we are loved by
the intact and libertarian vertigo
of the first atoms,
that light of poppies or galaxies
that suddenly scorches us.

9

There was a first spring on earth.
                It's in my blood.

10

to arrive thus
upon light's lips
from so far away
at a garden just like this one
and blossom upon the lemon's flower

11

In the ring of mist
the cypress rewards its immobile
verdure.
What eye would not have cried
at feeling so real
in the dream?

12

I am certain
That I touch something that can see me.
And I without eyes to see it

13

It vanishes the more we love and there are no fingers
to hold the burning of pleasure
the delirium the gaze of poisons

14

He said: I'm leaving.
And after his words,
left hanging in the air,
a silence remained,
like a flower falling apart

15

Identical to everything alive
Death

16

It is you who watches over me.
At each step, I forget your name.
That skin that like air knows
how the light's beasts tear at me.

A green desert shines upon the sea,
naked I advance into the intimate tremor of the waves

17

Perhaps only this moment
really exists.
Everything else is time

18

snowdrop falling
as the most beautiful hours of sadness descend
sweet and slow upon the skin
becoming silence
night falls and forgets
whilst within the fractal
blood in the harshest burn
just a moment
until the flower rises
and the shadow remains invisible
the cold

19

strange station
there is a moment detained
or infinite moments
wandering
time shattered in images

and the certainty that everything
can end up
not existing
gradually takes shape

20

A bouquet of flickers wounds the gaze
For just an instant

Like this swift passing of headlights in the night

Quicken the pace

May the forests of absence not reach us
May the labour of the fungi upon the wood go unheard
The intimate breaking of cyphers
May this mute wind not get stuck in our throat
May the moon not notice the blue and cold well
May fingers not play the lost music
May the brow delay further
its chest of virgin hours

May memory   this knife

21

were love this water lily of mist that engulfs the city
and prevents us from seeing the arrival of the new ships
                                                    /by night

were love the labyrinth pleating in the air spasms
of clumsy seagulls who confuse the crossbow and silk

were love this outlined anatomy of absence
that overwhelms the slow root of flesh in memory

were love this faltering fountain of words
or petals that abandon nectar for the insects

22

to raise the eyebrows of the heart
like someone who husks in the air
its wheat ear of light

to feel upon live flesh
the world's inclemency

and tears falling
softly from pain
down to the invisible face

23

Your flesh a rose.

The silence a movement.
A fissure.

Now I separate organs and muscles,
rage and rain.
There must be a house intact where your plants grow.

I still blindly go by symbols.
How to enter without perishing first?

24

You:
a movement
of the tongue.
A vibration
of this world
without you
moved

25

There is the place:
a moment that appears
inaccessible
to time

26

Your presence
Now sacred
Like the falling leaf

27

A contrary and
      pure flower
  that tumbles

Dense star
of oblivion

28

What does the heart know
of what survives it?

29

For Margarita Ledo

I.
words
always seem to be
where they never are

II.
nails
perforating
the distance of the drum

(a magnet tattooing
the mist
always penetrates deeper)

there is a road ignored
and it spans the temples
hardly leaving a trace

except a dry cut where to begin

and the skin recalls the perfume
of the orange trees
sketches a white flower

Mahmoud Darwish had a lemon tree in Palestine
and his eyes never saw spring again
water loses its way
amidst the leaves
seeing in pockets a rapid piece
of wounded animal that once loved the hinges of the air
and gnawing on the light thinning the intimate muscle
                                                    /of the tongue

here there was a rising sun of compassion
in the call of the steps that support each other in the slowness

memory waits
for other valleys at the same height to be wounded
the dove emerging from a snowy putlog hole
to emerge blue amongst the books erased from the morning
the desks of war and melancholy fading

III.
music intertwines
a strand of chaos

IV.
to scan
save the house
from time

V.
Hold, love, this scythe
do not lay me down in shadow

30

the sleep of reason
spinning round a mosquito changing
colour and perspective
upon the mouth the tunnels all the mines
the crossroads whoever goes back
to gaze on its rust its pantomime
now tattooed upon time

31

Where is the end of the gaze
inward-looking abyss
its infinite limit
navigable?

32

to open up to the light
is a land destroyed upon the lips amphora of the past
budding on the side that confuses
fingers and wall
    this inaudible sound
of voices that return in their first time
to penetrate the infinite rooms of the body
like a wind identical to another wind
which calms it with the same gust
        and it is the hour removing its gloves
here's the passage
heard burning

                the never safe chance of emerging alive
                from the tunnel of words

33

tree or navel
diving in the sands
    the tongue
to come undone like a placenta
it purges itself of the roots
of the unknown

34

Amongst the wood of roots, within the nudity of blood, in the spinal warp of words, the open sky, extracting its original sheen, the laborious hand of inclemency

35

to be in
you
pure moment
that expires and opens
at the same time
the flower of the world

36

if I loved you
I would tolerate brutal proof
offeror absorbed
in the spiral of your enclosures

if I don't love you
I won't dwell naked in the air
nor shall the river bear me upon
a duck feather

37

You go past
remaining.
That cloud

38
to survive
on the scar
of a drop of water

39

For J. A.

There is a place with water and reedbeds
in my imagination.

It is a difficult place to reach
and I don't really know what happens there.

My heart stops
at a prudential distance
and now returns rowing.

Without going deeper

40

if only I could
bring to you this desire...

you blindly release me from stone
I have a body in the light

its dark palpitation
takes root in this abyss

transform me
so my wings unfold upon the wind

41

don't wait

    for time to rise up
        on a flock of ducks

love awaits
all of you

42

And where do you come from,
evening of the bird,
where do you pick your clusters?

Ser en/ To Be In/ Ser En

43

For Bernardo Martínez and Fito Ares

to touch with branches
the wake of birds
to let you come

44

To say, perhaps, that at times we go
so much upon the wind's fatigue.

So certain of bearing
too much weight upon the tongue.

So lie down:
concentration of the root
in its thirst undressing the water
that forgets everything.

Tender universe that by merely dreaming
is reflected in the mirror

45

the slow murmur of pain

descends
by unthinkable stairs

opens windows
on the stone walls
where the goldfinch
returns each hour
with its love

and the sun brings
a blaze of tears
a slender joy
bending the swords
of blood

it feels good that way
contemplating the world

maybe the pain would wound
with its exact prediction
the green leaves of the greengage tree
or will its lip be sweet
for the air that sings
the vestige of light?

a shadow passes
illuminating a stream
of ants

and I continue here
at the foot of transparency
crack in the mirror

Ser en/ To Be In/ Ser En

46

> *They used to pour millet on graves or poppy seeds*
> *To feed the dead who would come disguised as birds.*
> Czeslaw Milosz

I go down where you tend to come up
stairway of blood and vanity

I perhaps a helplessness taking up arms
delicate skin for the most monstrous hours

I plunge fingers between charred remains
I extract certain vomits of forgetfulness
surely in the desire to calm remorse

an incurable wound from our own stabbing
taste of bitter smoke the talk of water
through the eyes that descend to the simulacrum

because perhaps the real is just the fissure and nests outside
there the vengeance of what exists
rose's light   let it in

47

to be born
again
in shapes
of white
flower
hived in
silence
the fingers
appear
and you return
in the night
heart
before what
officiates
recondite
hesitating
to spill
the wine

48

I was a vessel whose strands came undone like alabaster under the water. Above all they were threads of thirst and the doctors felt old allegories upon the infinite capacity of the desert. They spent weeks that way and we crossed borders where extreme pain eventuallybecomes the realm of tenderness and we are reborn with no other defence than the exhausted skin of the road. Don't give in, you would tell me, now you are the flower and the butterfly, let's dance.

49

And it is now
when I still love you most,
when the almighty course of the heart
splits
in so many days of pain and confusion.
And their splinters flutter -violated bird-
against the sharpened sky of blood.
And I fear that their claws devouring themselves
/might reach your hair
and awaken you.

Because here I go
with no door or windows
towards my body
where you beautifully lie
against all the wounds that will come
and which at times -although unintentionally-
spring from my voice

And I do know that they are just words
these stones upon which I do a balancing act
so as to not fall
into the riverbed-trick
of my face and its reflection.

Ser en/ To Be In/ Ser En

Words that other beings
laid down upon my blind road
like a sowing of seeds lighting up
the anguish of the times
and its white flower.

But what organs, what lymph,
who really scales the knot
of everything that flees
tearing like this moment
in its tiger's mouth?

Perhaps,
the thirst I do not know,
the colossal reason that listens to us
walk on tiptoe in the same house:

just a river in its silent flowing

50

For Teresa Seara

if I live and I have a square
full of sun
that in the end brings night

if I live and somewhere you
also dream
with a brief flash extinguishing
the darkness of my fingers

51

silence struck
from vertebra to vertebra
the origin
appears on the lips
from time to time

sweetly fluid like honey
burns down vision
erases names

52

I put here
a garden
that contained
the acanthus
the hard life
of successive
generations
a death
always premature
of a child
the love that
was learning to read
each silence
the quarry of stone
that built the house
a war
and its insomnia
the loyalty
of the goldfinch
the innocence
set free
from all beginnings
I put here
what is not there

53

to return there
for wood
for love
for the dark
start
of speaking

54

to see how everything falls
in its silence

55

Orpheus still sings his agony
at the entrance he repeatedly
casts back his gaze

but it is not Euridice who fades
like a dream

it is he
who disappears from himself
it is his lyre which is unwittingly
sharpened
in this mire of the possible and the agreed

so able and absolutely
we train in defeat

in its assignation

56

uncertain
headed to the light and its snakes
we raise to a dark limit the deserted countryside

and the limit came to be the centre of all darkness
of any life

with fingers thus flooded
the sting of the poison sought its antidote

we close our eyes
as if in prayer and astonishment

and we said something
something that would calm the seething of maturity

in another even darker light
we set off

57

I choose to be river
river of blood
between these sheer
regions of pain
here where no power
would dare to enter
here I must flow without signs
confusing myself in the unearthed
mouths
losing all fascination
they found my eyes
here where the unspeakable is
a strangling of birds
and what utters the greatest offence
here before this budding of life that appears
between two insane gods and cadavers
a river of blood
where our name itself can be erased
where there is but a hand that offers
to clean the eyes of catastrophe

58

...defeated all the doors putting lilacs on their final surf to say that through here we pass leaving traces of blood in the splintered air that in being able to know something of the damages of innocence we let the sun go one day after another until the great dark throat...

59

we will be light words
abandoning this hunt

60

above our heads
a free heart advances
between shots

61

heart
like a stone
in the pond
you fall upon me
always
in the centre

62

the bulrush
on the pond
gathers the remains

it had seemed that you arrive
on this word
that signifies love
or something like that
it is difficult to understand
what we want
but also
we could say
that there is something in all this
that is going
something unpronounceable
and true
that does not let itself be gathered
and we are so needed.

(is each word the estuary of its own flow?)

Ser en/ To Be In/ Ser En

however
everything happens at once:
the stone and its waves
in the murky water
fishes and roots
each thing in its own time
you and I
insuperable distance

unless
by this movement
remembering the depths
the paleness of the swan

63

from this flowing
only mirrors remain
life continues its journey

Ser en

SER EN

MARIPOSA EN FLOR

"Sería tan fácil/ caer/ deliberadamente/ caer/ en ausencia de mí/ caer/ en la ausencia toda". Este poema pertenece al libro *Fuxidíos*, el primero que publica Eva Veiga en el año 1993. Pasado el tiempo, y observando en perspectiva toda su obra posterior, me parece que hay en esos versos algo augural, una advertencia sobre lo que habría de ser camino primordial en el vivir y decir poético de Eva.

Nunca entendí ese caer del poema en el sentido de precipitación o pérdida de equilibrio. Siempre pensé que el significado, aquí, tenía que ver con el concepto de desprendimiento. Nos desprendemos nosotros y vamos desprendiendo fragmentos de nosotros mismos, en una caída hacia un vacío que es centro, remolino y quietud al mismo tiempo, ese lugar donde el ser y el vivir se hacen uno, en el sentir iluminante al que se refería María Zambrano, conocimiento puro que nace de la más honda intimidad del ser, que ya escribió Eva que somos, simultáneamente, blancos de flecha y flecha de un blanco inmóvil, todos nosotros arqueros en el vacío, en un estar llamando para siempre y aún después.

Quizás no esté lejos de esta interpretación el título de este libro: SER EN, antología de poemas realizada por Teresa Seara para esta edición de Artepoética Press. Me sorprende y me conmueve un cierto sentido profético de ese poema que la poeta escribe y publica antes de vivir dos acontecimientos de una transcendencia absoluta y que tendrán tanta repercusión en su obra: un trasplante de médula y el fallecimiento de su madre. El renacer y la muerte, o el renacer de la muerte.

Desde 1993 hasta hoy, Eva transitó por los paisajes del vacío; supo de cómo se nos revela la luz que es, simultáneamente, dolor y cicatriz; vivió el desconcierto del ruido, de la experiencia de nacer de nuevo, de la desmemoria de un pueblo que conoce la victoria del sol en su derrota; experimentó cómo es la flecha que hiende el aire y el corazón; descubrió en el timbal y en el tambor la oscura crepitación del tiempo y les imploró a ambos instrumentos de percusión un silencio claro y puro; entre el sueño y el vértice compartió el valor vital de la metáfora, movimiento movilizador, creador y solidario que permite unir los cabos más remotos de la vida, a veces tan extraños, extrañados o entrañados, y se afirmó en el sentido del amor como fuente y entrecortado surtidor de palabras.

Eva Veiga es consciente del lugar del que viene, paisaje originario, lugar intacto que se guarda, sin túnica ni cetro, y al que no es preciso regresar porque cada día reina en su interior. De hecho, reconoce que cuando tuvo conciencia del río y de la ría, de los puentes, de la alfombra tejida por copos blancos que eran pétalos de las flores de los cerezos, del mundo mágico de la abuela, de la casa, del hogar, el paisaje que todo esto formaba ya estaba dentro de ella. Es consciente, también, de que siendo niña, al escuchar a la maestra en la escuela recitar un poema del que sólo recuerda que hablaba de la crisálida y de la mariposa, decidió que sería poeta. Vocación poética asociada a un ritmo, a una manera de decir, a la alegría de la música y a la experiencia de la luz que brilla en las palabras.

En los versos de Eva, poesía y filosofía no saben de fronteras, y ambas se aúnan con la ciencia que utiliza la metáfora y la imagen poética para explicar sus descubrimientos, para definir los límites del universo y contar aquello para lo que no existe vocabulario. La lengua es la patria, ha argumentado ella alguna vez, reconociendo que también la lengua nos hace ser lo que somos y que de ella nacen la voz y el silencio, la urdimbre que nos une a la colectividad. Siempre solidaria con las víctimas de la historia, con los marginados, con los desfavorecidos, su voz es, invariablemente, la de las mujeres que luchan contra las violencias, que trabajan por una sociedad igualitaria, lo que la lleva a escribir: "mujeres empuñando la ciudad oculta".

Palabra desnuda, desnuda, desnuda; desconcertado latido del corazón, palabra para siempre vinculada a aquella gota de agua que caía sobre la hoja, imagen que la acompañó en la experiencia extrema de renacer. Agua, la primera luz, dice en un poema. La poesía de Eva ahonda en la sed del YO, eco, canción o memoria; también ansia y fragancia que fluye desde ese no lugar entre lo visible y lo invisible, en lo más oscuro del blanco más albo. No es fácil expresar con palabras la memoria de ese lugar que se nos oculta y que ella porfía en conocer e interpretar, horizonte hacia el que todos nos dirigimos, ese valle tan dulce y tan sombrío que acoge la ternura de la madre y la perfección de la rosa. Es necesario llevar el lenguaje al límite, despojarlo, desnudarlo para poder aprehender y compartir esa intuición, contar como siente el corazón en ese remanso de agua y cañaverales en el que no sabemos qué sucede, pero donde sucede todo.

Caer, caer siempre hacia el centro, sabiendo que el centro está allende nosotros y que la búsqueda poética no es tanto una indagación introspectiva como un situarse en el afuera. "Con todos los ojos ve la criatura/ lo abierto", así inicia Rilke la octava de las *Elegías de Duino*. Lo abierto, espacio puro de la vida expuesta, aún no protegida ni confinada, donde a veces, "ajenos a la limitación del ayer, a la inminencia del mañana, es posible ver e interpretar con palabras la totalidad, el borboteo del manantial, la imagen o la grieta que proyectamos en el espejo, contemplando el vasto horizonte de la vida en su presente, sin despedida, en un mantener alerta el corazón". Palabra desnuda, palabra esencial y liberada, en la inocencia de los sentidos, única manera de poder percibir aquello que intuimos, eso que nos mira, pero que no conseguimos ver: "Tengo la certeza/

De que toco algo que me ve/ Y yo sin ojos con que poder mirarlo".

La lectura de este libro es un aprendizaje, un viaje hacia los límites de dentro y de afuera, una revelación en la voz de Eva siempre lúcida, como cuando nos dice: "Quizás sólo exista realmente/ este instante./ Lo demás es tiempo". He ahí el secreto.

SER EN es poética de la vida, así se pone de manifesto ya desde el primer verso, en el que Eva Veiga dice como en confidencia: "Así me entrego a la vida...", hasta ese último poema que cierra el libro: "de este fluir/ quedan solo espejos/ la vida continúa su viaje".

Francisco X. Fernández Naval
Febrero 2019

Notas biográficas

Teresa Seara nació en Toén, provincia de Ourense. Doctora en Filología Gallego-Portuguesa, profesora de enseñanza secundaria, crítica literaria, traductora. Es una de las mejores conocedoras de la poesía gallega contemporánea, sobre la que ha escrito numerosos trabajos y editado varias antologías. Autora de textos de creación propia como *Rumbo ás illas, Versos & Formas e Santiago Invisible*. Ya colaboró anteriormente con los proyectos editoriales El Barco Ebrio y Artepoética Press.

Craig Patterson nació en Inglaterra, tiene pasaporte irlandés y es gallego de corazón. Ha traducido al inglés textos esenciales de la cultura gallega como *Sempre en Galiza* (*Forever in Galicia*, Francis Boutle, 2016), de Alfonso Daniel Rodríguez Castelao y *A esmorga* (*On a Bender*, Planet, 2012), de Eduardo Blanco Amor, así como novelas y libros de poesía de autores contemporáneos. Ha recibido el English PEN Translates Award por su traducción de la novela de Eva Moreda, *A Veiga é como un tempo distinto* (*Home is Like a Different Time*, Francis Boutle, 2019) y el premio Ostana (Scritture in lingua madre) por su trabajo en el campo de la traducción de la literatura gallega al inglés. No es la primera vez que colabora como traductor con Artepoética Press.

1

Así me entrego a la vida
aún cuando la derrota
late en el pulso
y no soy esta
sino puro desorden corporal.

2

Porque te estoy llamando
desde mucho antes de que esta voz
saliese desanudándose.
Desde el principio.
Desde el olvido te estoy llamando.
A oscuras y a esta hora
quizás de mi cuerpo enlunándose.
A este combate y a esta derrota.
A este resistir sin tregua te estoy llamando.
Te estoy llamando para siempre
y aún después te estoy llamando.

3

Un día llegas a esta extensión
de la mirada.
No sabes de donde vienes porque no vienes
de un lugar.
Te traía el tiempo como el viento trae
el oportuno azar.
Estás aquí
ya para siempre
anillo de olvido o de memoria.
Pero, imposible
no ser luz, su cicatriz.

4

Agua la primera luz
la palabra que dio inicio
a la voz
en la escurridiza premonición
del tempo.
Y de su radical transparencia
se eleva el oscuro secreto de las aves.

5

Va en río fluyéndome esta vida en la vida toda. Efímeras raíces o venas enramadas figuran rostros que se evaden en otros rastros.

Susurro de hojas o diáspora de estrellas.

Mi lengua sabe entonces a fuego lento en los labios entreabiertos de la tierra. Y tú en secreto me pides que continúe más y más hasta donde la onda pierde la noción del límite: agua regresada.

6

Infancia

Yo te guardo
sin la túnica y sin el cetro, pero reinando.
Te observo por una puerta entreabierta
de ardora y romero.
Nunca negaré mi traición,
la del aletargante veneno en tus copas azules,
y temo por eso tus ojos que también
alguna vez quisieron perderme de vista.
Sobre perfumados caballos
rompes ondas y ramas
para erigir una casa
en aquella estación sin número.
Quisiera llevarte ahora en brazos
y aliviarte las heridas con el dulce
sabor de la tierra,
pero nunca te alcanzo al cabo
de mi mano.
Quizás te guarde el ángel.

7

Persiste el fragor del viaje
sobre las quemadas aguas,
el rigor de la quilla
hendiendo la ceniza que se levanta
y sabe a luz gastada,
el corazón del dolor, su latido
contundente de paloma
sin cuerpo sobre los ríos exiliados.
Persiste la emoción en su ardor
purísimo como un diamante
contra las pruebas de la destrucción.

8

Duraremos, Amor,
en la nube irrepetible,
en este tiempo
que arde a oscuras en el fondo
de un espejo,
en esa corriente clara que arrastra
en disolución íntimas demoras.
Duraremos, Amor, porque nos ama
el vértigo intacto y libertario
de los primeros átomos,
esa luz de amapolas y galaxias
que súbitamente nos abrasa.

9

Hubo una inicial primavera del mundo.
        Está en mi sangre.

10

llegar así
en los labios de la luz
desde tan lejos
a una huerta exactamente como esta
y abrirse en la flor del limón

11

En un círculo de niebla
el ciprés ceñía su verdor
inmóvil.
¿Qué ojo no hubiese llorado
al saberse tan real
en el sueño?

12

Tengo la certeza
De que toco algo que me ve.
Y yo sin ojos con que poder mirarlo.

13

Se va cuanto amamos y no hay dedos
que sostengan la quemadura del placer
el delirio la mirada de los venenos

14

Dijo: Me voy.
Y tras sus palabras,
suspendido en el aire,
quedó un silencio
que iba deshaciéndose como una flor.

15

Idéntica a todo cuanto vive
La muerte

16

Eres tú quien me vela.
Con cada paso olvido tu nombre.
Esa piel que como aire sabe
que así me desgarran las fieras de la luz.

Un desierto verde brilla en el mar,
desnuda avanzo en el íntimo temblor de las ondas

17

Quizás solo exista realmente
este instante.
Lo demás es tiempo.

18

flor de nieve que cae
como descienden las horas más hermosas de la tristeza
dulces y lentas sobre la piel
se vuelve de silencio
se hace de noche y olvida
mientras dentro la sangre
fractal en la extrema quemadura
solo un instante
hasta que la flor se yergue
y queda la sombra invisible
el frío

19

extraña estación
hay un instante inmóvil
o infinitos instantes
vagando
tiempo roto en imágenes

y va afirmándose
la certeza de que todo
puede llegar
a no ser

20

Un haz de destellos hiere la mirada
Solo un instante

Como ese pasar veloz de faros en la noche

Apurar el paso

Que los bosques de la ausencia no nos alcancen
Que el oído no escuche el oficio de los hongos en la madera
El íntimo romperse de las cifras
Que ese viento mudo no se atranque en la garganta
Que no sepa la luna del pozo azul y frío
Que los dedos no toquen la música perdida
Que la frente guarde aún más hondo
su cofre de horas vírgenes

Que la memoria   ese cuchillo

21

fuese el amor este nenúfar de niebla que inunda la ciudad
e impide ver los barcos nuevos en la arribada de la noche

fuese el amor el laberinto trenzando en el aire espasmos
de torpes gaviotas que confunden la ballesta y la seda

fuese el amor esta perfilada anatomía de la ausencia
que oprime la lenta raíz de la carne en la memoria

fuese el amor el entrecortado surtidor de palabras
o pétalos que abandonan su néctar a los insectos

22

levantar los párpados del corazón
como quien deshoja en el aire
una espiga de luz

sentir en carne viva
la intemperie del mundo

y pronunciarse de las lágrimas
suavemente desde el dolor
hasta el rostro invisible

23

Tu carne una rosa.

Un moverse el silencio.
Una fisura.

Ahora separo órganos y músculos,
cólera y lluvia.
Debe haber una casa intacta donde crecen tus plantas.

Ciega voy aún de símbolos.
¿Cómo entrar sin antes perecer?

24

Tú:
un movimiento
de la lengua.
La vibración
de este mundo
sin ti
conmovido.

25

He aquí el lugar:
instante que aparece
inaccesible
al tiempo.

26

Tu presencia
Ahora sagrada
Como la hoja que cae

27

Flor contraria
                              Y pura
    Que palpita

Negra estrella
Del olvido

28

¿Qué sabe el corazón
de lo que le sobrevive?

29

A Margarita Ledo

I
las palabras
parecen estar siempre
donde nunca son

II
las uñas
perforando
la distancia del tambor

(imán tatuándose
la niebla
entra siempre más adentro)

hay un camino ignorado
y atraviesa las sienes
sin apenas dejar rastro

solo un corte seco por donde empezar

y la piel recuerda el perfume
de los naranjos
dibuja una flor blanca

mahmud darwish tenía un limonero en Palestina
y sus ojos no volvieron a ver la primavera

el agua se desorienta
por las hojas

palpar en los bolsillos un rastro velocísimo
de animal doliente que amó una vez los goznes del aire
y aguzar la luz adelgazando el músculo íntimo de la lengua

aquí había un sol naciente de piedad
en el clamor de las escalas que sostiene la lentura

la memoria espera
a que se hieran otros valles de la misma elevación
la paloma saliendo de un nido de nieve
abriéndose azul por entre los libros borrados de la mañana
desvaneciéndose los pupitres de la guerra y de la melancolía

III
la música enrama
un hilo de caos

IV
medir
salvar a la casa
del tiempo

V
sostén amor esta guadaña
a su sombra no me dejes

30

el sueño de la razón
dando vueltas un cínife que muda
de color y perspectiva
en la boca los túneles todas las minas
las encrucijadas quién vuelve atrás
a mirar su óxido su pantomima
tatuada ya en el tiempo

31

¿Dónde el fin de la mirada
abismo hacia adentro
navegable
su límite infinito?

32

abrirse a la luz
es tierra deshecha en los labios ánfora del pasado
aflorando en la orilla que confunde dedos
y pared
         este rumor inaudible
de las voces que vuelven en su primera vez
a traspasar las infinitas habitaciones del cuerpo
como un viento idéntico a otro viento
que con igual soplo lo amainase
        y es la hora desvistiéndose de sus guantes
he aquí el pasaje
oído ardiendo

                la nunca segura posibilidad de salir con vida
                del túnel de las palabras

33

Árbol u ombligo
buceando en las arenas
        la lengua
deshaciéndose como la placenta
se vacía de las raíces
de lo extraño

34

Por entre el bosque de raíces, más adentro de la desnudez de la sangre, en la espinal urdimbre de las palabras, a cielo abierto, extrayendo su brillo original, la laboriosa mano del desamparo.

35

ser en
ti
puro instante
que expira y abre
a un tiempo
la flor del mundo

36

si te amase
soportaría pruebas brutales
oferente absorta
en la espiral de tus recintos

si no te amo
no habitaré desnuda el aire
ni me llevará el río
en una pluma de ánade

37

Pasas
quedándote.
Esa nube.

38

en la cicatriz
de una gota de agua
sobrevivir

39

Para J. A.

Hay un lugar con agua y juncos
en mi imaginación.

Es un lugar de difícil acceso
y no sé realmente lo que allí acontece.

Mi corazón se detiene
a una distancia prudencial
y se vuelve ya remando.

Sin ahondar.

40

si solo pudiese
acercar a ti este deseo...

sin ver me abres de piedra
tengo un cuerpo en la luz

su oscura palpitación
enraiza en este abismo

me desvive
y le nacen mis alas al viento

41

no esperes

        a que se eleve el tiempo
                en una bandada de ánades

el amor lo aguarda
todo de ti

42

¿Y de dónde vienes,
tarde del pájaro,
de dónde desgranas tus racimos?

43

Para Bernardo Martínez y Fito Ares

tocar con ramas
el rastro de los pájaros
dejar que vengas

44

Decir, quizás, que a veces vamos
tan en el cansancio del viento.

Tan en lo cierto de soportar
demasiado peso en la lengua.

Entonces echarse:
concentración de la raíz
en su sed desvistiendo el agua
que lo olvida todo.

Lene universo que solo soñando
llega a darse al espejo.

45

lento murmullo del dolor

desciende
por escaleras impensables

abre ventanas
en las paredes de piedra
a donde el jilguero
vuelve cada primavera
con su amor

y trae el sol
un incendio de lágrimas
una alegría delgadísima
doblando los aceros
de la sangre

se está bien así
contemplando el mundo

¿acaso el dolor herirá
con su exacta predicción
las hojas verdes del ciruelo
o será dulce su labio
para el aire que canta
el vestigio de la luz?

pasa una sombra
iluminando una hilera
de hormigas

y yo sigo aquí
al pie de la transparencia
grieta en el espejo

46

> *Se acostumbraba esparcir maiz o alpiste sobre las tumbas*
> *para alimentar a los muertos que regresaban con disfraz de pájaros*
> Czeslaw Milosz

bajo por donde siempre te yergues
escalera de sangre y soberbia

yo tal vez un desamparo armándose
delicada piel para las horas más infames

hundo los dedos entre restos calcinados
extraigo ciertos vómitos de la desmemoria
en el anhelo seguramente de aquietar la desazón

herida incurable de nuestra propia cuchillada
sabor de humo amargo decir de las aguas
por los ojos que descienden hasta el simulacro

porque quizás lo real es sólo la grieta y anida fuera
allí la venganza de lo que existe

luz de la rosa   déjala entrar

47

nacer
de nuevo
en formas
de flor
blanca
enfebrecidos
de silencio
los dedos
comparecen
y vuelves
en la noche
corazón
ante lo que
recóndito
se oficia
vacilante
derramar
el vino

48

Yo era una vasija y sus hilos se deshacían como el alabastro bajo el agua. Sobre todo eran hilos de sed y los doctores experimentaban viejas alegorías sobre la capacidad infinita del desierto. Pasaron así semanas y atravesamos las fronteras donde el dolor extremo se hace al cabo territorio de la dulzura y amanecimos sin más defensa que la piel exhausta del camino. No te rindas, me decías, ahora eres la flor y la mariposa, bailemos.

49

Y es ahora
cuando aún más te amo,
cuando las rectas poderosas del corazón
parten
en tantos días de dolor y confusión.
Y ondean sus astillas –pájaro vulnerado–
por el afilado cielo de la sangre.
Y temo que sus garras devorándose
se aproximen a tus cabellos
y te despierten.

Porque aquí voy
sin puerta ni ventanas
hacia mi cuerpo
donde yaces hermosamente
contra todas las heridas que vendrán
y que a veces -aún sin quererlo-
se pueblan de mi voz

Y sé bien que solo son palabras
estas piedras sobre las que hago
equilibrios para no caer
en la vaguada-trampa
de mi rostro y su reflejo.

Palabras que otros seres
esparcieron en mi camino ciego
como siembra iluminando
la angustia de los tiempos
y su flor blanca.

Pero ¿qué órganos, qué linfa,
quién escala realmente el nudo
de todo cuanto huye
desgarrándose como este instante
en la boca de su tigre?

Tal vez,
la sed que desconozco,
la razón descomunal que nos escucha
andar a tientas la misma casa:

sólo río en su fluir silencioso.

50

Para Teresa Seara

si vivo y tengo una plaza
llena de sol
que al final trae la noche

si vivo y tú en algún lugar
también sueñas
con un breve destello apagando
la oscuridad de mis dedos

51

silencio percutido
entre vértebra y vértebra
el origen
asoma a los labios
de cuando en vez

dulcemente fluido como la miel
incendia la visión
      borra los nombres

52

pongo aquí
una huerta
que contenía
el acanto
la vida dura
de sucesivas
generaciones
la muerte
siempre prematura
de un hijo
el amor que
aprendía a leer
cada silencio
la cantera de piedra
que erigió la casa
una guerra
y su insomnio
la lealtad
del jilguero
la inocencia
desatada
de todos los principios
pongo aquí
lo que no está

53

volver allí
por leña
por amor
por el comienzo
oscuro
del decir

54

ver como todo cae
a su silencio

55

aún Orfeo canta su agonía
en el umbral vuelve una y otra vez
la vista atrás

mas no es Eurídice quien se desvanece
como un sueño

es él
quien desaparece de sí mismo
es su lira la que se aguza
sin saberlo
en esos lodos de lo posible y lo pactado

tan hábil y absolutamente
nos adiestramos en la derrota

en su asignación

56

inciertos
abocados a la luz y a sus sierpes
elevamos el desnudo páramo hasta un oscuro límite

y el límite vino a ser el centro de toda oscuridad
de cualquier vida

con dedos así hundidos
la picadura del veneno buscaba su antídoto

cerramos los ojos
como oración y asombro

y dijimos algo
algo que calmase el latir de la maduración

en otra luz aún más oscura
echamos a andar

57

elijo ser río
río de sangre
entre estas escarpadas
regiones del dolor
aquí donde ningún poder
osaría entrar
aquí debo fluir sin señales
confundiéndome en las bocas
desterradas
perdiendo cuanto de fascinante
encontraron mis ojos
aquí donde lo indecible es
un estrangulamiento de pájaros
y lo que se dice la más grande ofensa
aquí ante este brote de vida que asoma
entre dioses locos y cadáveres
un río de sangre
donde borrar el propio nombre
donde ser solo una mano que se ofrece
a limpar los ojos de la catástrofe

58

…vencidas todas las puertas poner lilas en su onda última para decir que por aquí pasamos liberando rastros de sangre en el aire astillado que pudiendo saber algo de los estragos de la inocencia dejamos irse el sol un día tras otro hasta la gran garganta oscura…

59

seremos leves palabras
abandonando esta cacería

60

por encima de nuestras cabezas
un corazón libre avanza
entre disparos

61

corazón
como la piedra
en el estanque
caes en mí
siempre
en el centro

62

los juncos
del estanque
acogen los restos

pareciera que vienes
en esta palabra
que significa amor
o algo así
es difícil comprender
lo que queremos
mas también
podríamos decir
que hay algo en todo esto
que se va
algo impronunciable
y verdadero
que no se deja acoger
y quedamos tan en falta

(¿es cada palabra el estuario de su propio fluir?)

Ser en/ To Be In/ Ser En

no obstante
todo sucede a la vez:
la piedra y sus ondas
en el agua turbia
peces y raíces
cada cosa a su tiempo
tú y yo
distancia insalvable

a no ser
por este movimiento
de recordar el fondo
la blancura del cisne

63

de este fluir
quedan solo espejos
la vida continúa su viaje

www.ingramcontent.com/pod-product-compliance
Lightning Source LLC
Chambersburg PA
CBHW072135160426
43197CB00012B/2120